RECIT
VERITABLE

DE CE QVI S'EST PASSE'
EN L'EVESCHE' D'IPRE,
par la violence du feu S. Antoine, qui a
presque tout bruslez ceux de c'est Euesché & païs circonuoisins, & comment
ils en sont iournellement tourmentez
auec beaucoup de misere.

Ensemble le secours qu'ils en reçoiuent à la priere & intercession de S. Antoine.

Auec son Antienne & Oraison pour demander
son secours contre ceste maladie.

A PARIS,
Iouxte la coppie imprimée à Lyon
par IEAN PERRA.

M. DC XXVI.
Auec Permission.

RECIT VERITABLE

de ce qui se passe despuis vn an en çà iusques à present, en l'Euesché d'Ipre, par la violence du Feu S. Antoine.

ES foudres du Tout-puissant sont puissants & ses chastimés espouuentables ; sa colere marche à pas lents & interrompus par les obstacles de sa misericorde ; mais despuis qu'elle est vne fois arriuée au dernier periode de la patience, elle frappe auec d'autant plus de violence que plus elle a eu de retenuë, & ce auec des fleaux & des coups presques incognus iusques à ce qu'ó les ait reçeu; Il a frappé les vns par le moyen des

sautereles , les autres par des hanne-
tons, animaux impuissans & sans force ; ceux-cy par des grenoüilles, ceux-
là par des rats & souris; voire il a donné quelquesfois tant de force aux
Connils ou lapins, animaux tellemét
craintifs qu'ils semblét estre la crain-
te mesme , ouy à ces petites bestioles
il leur a donné tant de puissance, & les
a fait assembler en telle quátité, qu'ils
ont renuersé des villes entieres ; &
que ne feront les Ours, les Onces, les
Pantheres, les Tygres , & ces autres
grands & furieux animaux armez de
leurs furies , quand ils seront com-
mandez de ce puissant Dieu des ar-
mées , puis que les moindres & comme les auortons de la nature , ont eu
tant de pouuoir de nuire aux hommes pour executer les arrests & le
courroux de ce souuerain modera-
teur de toutes choses?

Mais ces coups semblent estre le-
gers & ces chastiments peu violents,
puis qu'ils ne frappent que les parti-
culiers, au pris des pestes & des con-
tagions, qui rauagent les prouinces
entieres, desertent les Royaumes, de-
solent les regions les plus grandes,
voire frappent iusques au môde vni-
uersel : les gresles, les tempestes , les
inondations, les incendies, les débor-
dements d'eaux, les deluges, les crou-
lements de la terre, iusques à renuer-
ser les villes & les Citez, sont des exe-
cutions de la mesme colere; mais auf-
si les pechez des hommes sont trop
enormes & detestables; & comment
pourroit donc supporter ce grand
Dieu, luy qui n'est que toute pureté,
puis que les hommes ne se peuuent
pas supporter eux-mesmes les vns les
autres, eux qui ne sont que toute im-
pureté, toute pourriture , toute infe-

ction, voire la malice mesme ? Ce ne sont que meurtres, qu'assassinats, trahisons, perfidies ? L'adultere, l'inceste, la violence ne sont plus que ieux & galenteries; pour les vsures, les oppressions, la desolation des vefues & des orphelins, ce ne sont plus crimes ny offenses, ce sont plustost traicts de gents de courage, & de galents hommes; en fin il n'y a crime qui ne soit à son comble, ny abomination qui ne soit montée à son apogée; & partant treuuerons-nous estrange, si Dieu nous chastie par des punitions si estranges, & si son ire à tant d'inuentiós de supplices pour nous faire sentir ses punitiós? Qui eust iamais creu que le feu sacré, vulgairement appellé feu de Sainct Antoine, se fut tellement rendu contagieux qu'il eust desolé toute vne prouince, tout vn païs, toute vne region?

Ipre eſt vne grande ville & a vne
grande Eueſché, & d'vne gráde eſten-
duë au pays de Flandres, en laquelle
& aux prouinces adjacentes ce mal
s'eſt tellement rendu populaire &
contagieux, que preſque tous en sót
attaints : Il n'y a eu aage, il n'y a eu ſe-
xe, il n'y a eu grands ny petits, pauures & riches, nobles ou roturiers, qui
en ayent eſté exépts. Les vns ſe ſont
veu miſerablemét bruſler & embra-
ſer le viſage ſans y pouuoir donner
aucun remede ſalutaire ; les autres
ont ſenty ces flammes au dos, les autres en la poictrine , les autres aux
cuiſſes, les autres aux iambes, les autres aux bras; & puis cela s'eſpanchoit
par tout le corps, & tourmentoit tellement ces pauures miſerables iuſques à la mort , que c'eſtoit la plus
grande pitié du monde & pire que la
mort meſme; tellement que lors qu'il

s'est attaché aux bras ou aux iambes, ou en quelque autre membre qu'on ait peu couper, on a eu recours à ce seul remede, de trancher & retrancher ce pauure membre pour sauuer le reste du corps, ces pauures malheu-reux aymans mieux perdre vne partie que de perdre le tout, & souffrir pour vn coup vne cuisante douleur, que de languir perpetuellement dans les douleurs, & se voir consommer à petit feu. Ah! quelle misere; quelle calamité! Il n'y a eu ville, il n'y a eu village, il n'y a eu bourg, il n'y a eu hameau, il n'y a eu maison ny presque chambre qui n'ait esté presque remplie de ces pauures languissans; ce n'estoient que pleurs, ce n'estoient que larmes, que cris, que grincement de dents, & tout cela sans remede & sans espoir de secours. Les Medecins, les Apotichaires, les Pharmaciens, les Chirur

Chirurgiens y ont esté employés de tous costez, & tout pour neant, le mal estoit sans remede ; les vns y ont perdu leur science, les autres diligence, les autres leur experience , & tous n'y ont peu donner aucun soûlagement.

Qu'estoit-il donc de faire en vne telle calamité? A quoy se resoudre, ny où recourir ? Les remedes humains estoient inutiles , leur force estoit émoucée, leur vigueur estoit atteinte, il falloit recourir aux diuins,& demander au Ciel ce qui ne se pouuoit trouuer en terre.

Il y a vne petite villote ou pluftost vn bourg en l'Euefché d'Ipre, nómé Balliol, où il y a vne Chapele dediée au grand Sainct Antoine, vray profligateur d'vne telle maladie, comme l'experiëce iournaliere le tesmoigne assez en toutes les regions du móde.

L'on recourt aux vœux , aux prieres
ſolemnelles , aux proceſſions publi-
ques , & va t'õ chercher dãs ceſte ſain-
ête Chapele le Moly & la Panacée,
qui ſeule pouuoit guerir ceſte maladie , & y alloit-on en telle affluence
de peuple , tant de ceux de l'Eueſché
d'Ipre que des autres prouinces cir-
cõuoiſines, que preſque tous les iours
l'on y euſt conté iuſques à quatre ou
cinq mille perſonnes , auec vœux &
offrandes & toute ſorte de deuotion:
ce qui a apporté vn grand ſoulage-
ment à ce pauure païs deſolé : car in-
continent apres le mal a commencé
de ceſſer & de ſe rendre plus traicta-
ble : ceux qui en eſtoiét touchez ont
eſté gueris , & les ſains ont eſté con-
ſerués par la priere de ce grãd Sainct:
ce qui a occaſionné le Reuerédiſſime
Eueſque d'Ipre d'enuoyer vn Venerable Eccleſiaſtique à S. Antoine de

Vienne pour venir celebrer le S. Sacrifice de la Messe deuant les reliques de ce sainct admirable, en actions de graces du benefice receu par son intercession: & en outre supplier le Venerable Messire Antoine, Brunel de Gramond, tres digne Abbé de ladicte Abbaye de S. Antoine de Vienne & General de tout ce grand Ordre, de luy enuoyer quelque portion des Reliques de ce grand saint Antoine, pour en auoir encore plus de soulagemét par leur presence, comme l'on pourra voir par le recit de la lettre dudit Venerable Euesque cy dessous transcritte, & fidelement traduicte du texte Latin en François, & qui fait foy de tout ce que dessus. En voicy la teneur.

COPIE DE LA LETTRE

escrite par Monseigneur le Reuerendissime Euesque d'Ipre, au Reuerend Pere Antoine Brunel de Gramond, General de l'Ordre de sainct Antoine, receuë à Turin le 14. de Iuin. 1626.

IL y a sept mois et d'auantage, que le feu sacré (qu'on appelle feu de Sainct Antoine) a commencé d'assaillir & deuorer les corps humains, de laquelle calamité & maladie plusieurs de ce païs estant attaquez, les vns ont esté contraints de se faire couper vn pied, les autres vn bras, d'autres les deux pieds & les deux bras, sans qu'aucun remede des Medecins leur ait peu donner aucun soulagement; D'où il vient que nous voyons tous les iours aborder des parties circonuoisines dans la Chapele de Sainct Antoine, qui est aupres du Bourg de Balliol en nostre

Diocese iusques à quatre ou cinq mille per-
sonnes, les vns pour rendre les vœux qu'ils
ont faicts, les autres pour demander ayde
& secours, & ce non sans beaucoup de soulagement, & de raffraichissement audict
feu qui deuore ainsi les corps humains. Mais
pour autant que nous sommes aduertis que
le Corps ou les Reliques de Sainct Antoine
reposent en la Cité de Vienne ou en ces quartiers là, nous enuoyons le Reuerend Sieur
François de Manes, Prestre, Chanoine,
Gradué, Protonotaire Apostolique de nostre Eglise Cathedrale, Docteur en l'vn &
l'autre droict, Seigneur temporel de l'Inde
Balcques Honmil Crequ'vn, &c. porteur
des presentes, à ce que là aupres des sacrées
Reliques de sainct Antoine il offre à Dieu
le sacrifice de la Messe, & fasse prieres pour
le salut & la santé du peuple qui nous est
commis, suppliant tres-affectionnément vostre Reuerence, à ce qu'il luy plaise de nous
donner ou procurer nous estre donnée quel-

que petite portion d'icelles Reliques, pour le plus grand culte de Dieu, pour le plus grand honneur de Sainct Antoine, & pour exciter enuers luy la deuotion des peuples de ceste Prouince : et si nous pouuons rendre quelque seruice à vostre Reuerence en ces quartiers, nous le luy rendrons tres-volontairement, ce que Dieu tres-bon et tres-grand sçait, lequel nous prierons à iamais qu'il luy plaise de départir & donner à vostre Reuerence toutes choses prosperes.

A Ipre ce 20. Mars, 1626.

De Vostre Reuerence,

L'humble pour vous seruir,

ANTOINE EVESQVE D'IPRE.

Oraison au grand sainct Antoine pour
recourir contre le feu sacré appellé
de son nom feu de Sainct
Antoine.

ANTIENNE.

VOx de cœlo ad Antonium facta est, quoniam viriliter dimicasti, ecce ego tecum sum & faciam te in toto orbe nominari.

Ora pro nobis beate Pater Antoni.
Vt à morbido igne mereamur liberari.

Oraison.

DEus qui concedis obtentu beati Antonij Confessoris tui morbidum ignem extingui , & membris ægris refrigeria præstari : fac nos ipsius meritis à gehennæ incendiis liberatos, integros mente, & corpore tibi fœliciter in gloria præsentari. Per Dominum nostrum, &c.

9 782329 631554